1967

FRAIN

Nos

du Guesclin

de 1300 à 1828

Teuton, tu n'auras pas le beau pays de France.
Le Christ en est le roi,
Sa mère la défense.
Devant eux, incline-toi !

VITRÉ
Imprimerie-Papeterie Édouard Lécuyer
4, BOULEVARD PIERRE LANDAIS, 4
—
1917

OUVRAGES DU MÊME AUTEUR

— Les Filles de la Sainte Vierge *(dames Budes)*, depuis leur fondation jusqu'à nos jours.

— Les Familles de Vitré, de 1400 à 1789, avec liste et pièces justificatives. *In-12, 162 pages.*

— Influence du Christianisme sur le progrès de nos mœurs, du vi* au xiii* siècles. *In-8°, 55 pages.*

— Une terre (La Gaulayrie) et ses possesseurs catholiques et protestants, de 1200 à 1600. *In-12, 232 pages.*

— Mes Fleurs suivies de Jérusalem détruite (poème historique). Vitré, Ed. Lécuyer, 1898. *In-16, 93 pages.*

— Mœurs et Coutumes des Familles bretonnes avant 1789 :

Tome Ier : Les Fondateurs de la chapelle Notre-Dame en l'église Saint-Léonard de Fougères. (Les Lasne du Tronchay et de la Bastardière). *Petit in-4° carré, 166 pages.*

Tome II : Les Ligueurs de Mecé, Livré, Izé (Les Leziard de la Leziardière, du Chantier, de Vauhoudin, les Beziel de Livré, les Chenneviére d'Izé). *Petit in-4° carré, 182 pages.*

Tome III : Les archives d'un échevin de Rennes. — 1° Miserie de Rennes pour l'année 1688, nobles gens Hirel, sieur de la Jouannelais, procureur au Présidial, et Michel Provost, marchand au dit Rennes, comptables; 2° Inventaire des effets appartenant au Général de la paroisse Saint-Étienne de Rennes; 3° Mémorial domestique de Jean-François Beziel, advocat au Parlement de Bretagne, 1690-1728.

Les archives d'un échevin de Vitré. — 1° Tenue des Etats de 1756-175., relation manuscrite signée Hardy du Rocher ; 2° Rôle et répartition de la somme de soixante-quinze livres à laquelle la paroisse de Taillix a été taxée par ordonnance de Monseigneur l'Intendant du 1er octobre 1709, pour être déchargée de fournir, la présente année, un *soldat de milice ;* 3° Rôle et égail de fouage ordinaire à être levé sur les paroissiens contribuables de la paroisse de Taillix pour l'année 1700 ; 4° Capitation de 1722 : Rôle et répartition de la somme qui doit être payée par tous les contribuables de Taillix ; 5° Paroisse de Livré : Rôle et répartition des fouages et tailles ordinaires et extraordinaires pour partie des années 1740-1741 ; 6° Imposition de la paroisse de Bais pour capitation, supplément de fourrages, ustensiles et casernement de troupes, habillement des milices de terre et pour la dépense annuelle des milices garde-côtes pour l'année 1775 ; 7° Paroisse de Bais, fouages de 1775 ; 8° Compte de la miserie ordinaire de la ville et communauté de Vitré, années 1788-1789. *Petit in-4° carré, 432 pages.*

— Un Français à la cour de Pologne, le chevalier de Pyrrhis, 1657-1775, *54 pages.*

— Deux chapitres de mes souvenirs. Vitré, imp. Lécuyer, 1898, *In-16, 18 pages.*

Nos du Guesclin

3934

8° Lm³ 3194

FRAIN

Nos

du Guesclin

de 1300 à 1828

Teuton, tu n'auras pas le beau pays de France.
Le Christ en est le roi,
Sa mère la défense.
Devant eux, incline-toi !

VITRÉ
Imprimerie-Papeterie Édouard Lécuyer
4, BOULEVARD PIERRE LANDAIS, 4
—
1917

I

LES PREMIERS DU GUESCLIN AU GUARPLIC ET AU PLESSIX-BERTRAND, LEURS HÔTES, LEUR LÉGENDE

Durant près de cinq siècles, les du Guesclin possédèrent, vécurent en notre baronnie et le plus illustre d'entre eux, le grand connétable, s'allia à nos Laval-Châtillon. De ce fait, ils nous appartiennent au même titre que d'Épinay et Sévigné. Nous en parlerons donc avec le même respect, avec la même sincérité.

Avant de nous venir en Vitréais, notons quelles furent leurs étapes. D'accord avec l'histoire, les armoriaux [1] les font descendre d'un bâtard de Dinan.

Cette origine avouée et non vantée, disons que ce bâtard répondait au prénom de Salomon, qu'il eut pour frères : Ginguené archevêque de Dol, Josselin sire de Dinan, Ruellan seigneur de Combourg, tous trois fils légitimes de Haimon de Dinan et de Roianteline de Dol. Très habile homme [2], à en croire les vieilles chroniques, généreux, prodigue même des biens temporels attachés à son siège épiscopal, Ginguené en distribua une partie aux membres de sa

[1] *Armorial de Bretagne*, par POL DE COURCY. — *Généalogie des Dinan et de leurs Juveigneurs :* les de la Motte-Rouge.

[2] *Archiepiscopus Dolensis cujus claritas consilii et industria omnes britannos supereminebat quem Alanus tunc temporis consiliarum maximum habebat. (Chron. de Nantes,* citée par A. DE LA BORDERIE, *Histoire de Bretagne,* tome III.)

famille[1]. La paroisse de Saint-Coulomb échut au bâtard Salomon[2]. Lui ou l'un de ses descendants construisit un château, en un lieu escarpé, battu par les flots de la mer et nommé le Guarplic. Appellation que les étymologistes bretons traduisent les uns par pli de la mer[3], les autres par oppresseur de la mer[4].

Quoi qu'il en soit, à partir de ce moment, il ne fut plus question des bâtards de Dinan mais des seigneurs du Guarplic. Les chartes du douzième et du treizième siècles en témoignent.

Vous y trouverez la veuve d'un de Guarplic, Florida de Moustier-Jean, donnant à l'abbaye de la Vieuville de beaux droits sur la terre de la Fresnaie[5]. Trois de ses fils sont nommés dans l'acte : Geoffroi, Guillaume et Richard. Le premier, au retour de Jérusalem, confirma la donation de sa mère, puis, par un brusque revirement, contesta aux moines le bien fondé de leurs droits sur la Fresnaie et se vit excommunié. Finalement un accord intervint entre parties et la paix fut conclue[6].

Quel prénom donner au père de ce Geoffroi? Était-ce un Pierre, un Bertrand, un Olivier? Tous ces noms figurent fréquemment au cours de la filiation des Guarplic. Si vous tenez à être renseignés à cet égard, ouvrez le Père Anselme et cherchez-y et l'auteur du croisé Geoffroy et le bâtisseur de l'imposante cons-

---

[1] DUINE, *Histoire de Dol*, page 7.

[2] Voir *Pouillé du diocèse de Rennes*, tome VI, paroisse Saint-Coulomb.

[3] Sens donné par M. de Blois.

[4] Ce dernier sens donné par le celtisant M. Casimir des Coignets.

[5] Dom MORICE, 1er volume *des Preuves*, col. 776.

[6] Dom MORICE, 1er volume *des Preuves*, col. 679, 680.

truction féodale appelée le Plessix - Bertrand. En relation avec nos du Guesclin, ce généalogiste réputé, dut peser leurs raisons et ne rien admettre à la légère. Avec lui et avec nous, marchez ensuite à la lumière des documents.

En 1226, on fait au pays de Dol une enquête sur le nombre des chevaliers dus par l'évêque [1] à l'ost du duc. Pierre et Bertrand du Guarplic y figurent. Cotez ce Bertrand troisième du nom. Faites-le père d'un aîné Pierre du Guesclin, d'un cadet Bertrand IV marié à Jeanne de Broons, d'une fille nommée Philippe [2], femme de Jehan de Dinan et désormais, vivez en certitude de suivre les du Guesclin sans perdre le fil conducteur.

Commençons par dire tout le bien que nous savons de leurs aînés. Deux s'appelèrent successivement Pierre et le deuxième de ce nom épousa une de Saint - Denoual. On les trouve dans les *Preuves de l'histoire de Bretagne* parés l'un et l'autre de la qualité de chevaliers, c'est-à-dire qu'ils s'armaient en blanc

---

[1] Tome I des *Preuves de l'histoire de Bretagne*, col. 857,858, et Duine, *Histoire civile et politique de Dol*, vous y lirez, p. 8 : « Les Landal, les Beaufort, les de Combourg, les du Guesclin sont les vassaux de l'évêque qui fournit au xiiie siècle dix chevaliers pour l'armée ducale, autant que la terre de Porhoët, autant que le domaine d'Avaugour et de Goëllo, un de plus que le vicomte de Rohan, cinq de plus que le baron de Vitré. »

[2] *Généalogie des Dinan*, page 77, où il est dit : « Jehan de Dinan qui signe le testament de son père Rolland II en 1303, doit être regardé comme étant le mari de Philippe du Guesclin, fille de Bertrand III et sœur de Bertrand IV, seigneur du Guesclin et de Broons, lequel avait pour femme Jeanne de Broons, fille de Robert et d'Orphraise. Jeanne avait une sœur aînée, Mahaut, qui avait épousé Pierre du Guesclin, dont Bertrand était le puîné. Les deux frères transigèrent en 1293. Jeanne avait hérité de sa sœur Mahaut, morte sans hoirs. »

et menaient, avec eux, à l'ost du duc, archers, cous-
tilliers et page. Le second eut l'honneur de recevoir
au Plessix-Bertrand Charles de Blois. — De qui tenez-
vous cette particularité? — d'un brave écuyer de
l'époque, originaire de la paroisse de Saint-Judoce au
pays de Dol, nommé Jean de Fournet. C'est le
21e témoin entendu par la commission chargée de
faire enquête pour la canonisation du bienheureux
Charles[1].

Donc, au temps où le Prince logeait au Plessix-
Bertrand, chez Pierre du Guesclin, il pria du Fournet
de frictionner une de ses épaules qu'une branche
d'arbre avait meurtrie tandis qu'il chevauchait. Tout
en s'acquittant de son devoir, le bon écuyer reconnut
au toucher, *subter blanchetum*, l'existence d'un cilice
et s'écria. Qu'est-ce donc que je sens là, Monseigneur !
Sur quoi Charles lui enjoignit de se taire et de n'en
parler à âme qui vive.

Avec ce trait édifiant, cueillez l'assurance que ces
aînés du Guesclin ne devaient pas être de petits
compagnons pour loger en leur Plessix un duc de
Bretagne et toute sa suite.

Riche héritière, la fille unique de Pierre du Guesclin
épousa en premières noces le fils aîné du héros des
Trente, Jean VI de Beaumanoir, un coureur de
champs de bataille sous le grand connétable, sous
Clisson, en Poitou, en Flandres, en Normandie et qui
finit par tomber sous la hache vengeresse de Jean

---

[1] Voir tome II des *Preuves de l'histoire de Bretagne*, par Dom
Morice, col. 13 et 14.

Jean du Fournet, écuyer sous le connétable en 1370 et au
nombre de ses légataires, épousa Honorée du Baudon.

Noysan, son métayer[1]. Veuve et sans enfants, Tiphaine du Guesclin accorda sa main à Pierre Tournemine, seigneur de la Hunaudaie. A la mort de ce dernier, l'héritière du Plessix-Bertrand contracta une troisième alliance avec Bertrand de Châteaubriand, seigneur de Beaufort[2] et de ce fait, rangez-là parmi les ancêtres de l'auteur du *Génie du Christianisme*. Avec le goût des digressions et à propos des Beaumanoir et Tournemine, on pourrait en conter de belles sur les fantaisies peu scrupuleuses des grands seigneurs, sur les duels judiciaires, etc. Gardons-nous de pareilles tentations et avant d'être tout à la gloire des cadets, essayons d'expliquer comment de Guarplic se transforma tout-à-coup en du Guesclin. Ingénieux étymologistes, à la rescousse ! car sans vous, nul espoir !

Parmi les hôtes du Plessix-Bertrand, il s'en trouva de bien inventifs, de bien dévoués et là-dessus, cédons la parole à l'auteur de la jeunesse du connétable, Siméon Luce :

« La famille du Guesclin, voulut, elle aussi, avoir sa légende héroïque. Elle prétendait remonter à un sarrasin nommé Aquin, roi de Bougie établi en Armorique, d'où il aurait été chassé par Charlemagne. Les exploits fabuleux du grand empereur contre Aquin remplissent un poème composé vers la fin du douzième siècle[3], et l'on voit, par un curieux passage de Frois-

---

[1] Voir *Documents pour servir à l'histoire des principales familles de la paroisse d'Évran,* par le vicomte Henri FROTTIER DE LA MESSELIÈRE, page 7.

[2] Christophe de Châteaubriand Beaufort, un de leurs descendants, épousa successivement Jeanne de Sévigné et Charlotte de Montgomery. Celle-ci, veuve et sans enfants, vendit la terre du Plessix-Bertrand à Guy de Rieux, seigneur de Châteauneuf.

[3] Poème édité par M. Jouan des Longrais.

sart, que les du Guesclin avaient enté sur cette légende
tout un roman généalogique.

« D'après eux, Aquin, roi de Bougie, aurait occupé
dans la petite Bretagne un château nommé le *Glay*,
d'où le nom de *Glay Aquin*, qui serait devenu, avec le
temps, par corruption, de Glayquin, de Clayquin et
du Guesclin. Si peu fondées que puissent être des
prétentions généalogiques étayées sur une étymologie
aussi fausse, il ressort du récit du chroniqueur, et ce
fait à une importance capitale, que Bertrand les partageait entièrement. Il était convaincu qu'il comptait
un roi africain parmi ses ancêtres. Cette idée le préoc-
cupait tellement, qu'à l'époque de sa seconde expédition
en Espagne, il songea, un instant, à passer au royaume
de Bougie ; et quand on lui demandait pourquoi il
avait conçu ce projet, il disait ouvertement, au rapport
de Guillaume d'Ancenis, l'un de ses compagnons
d'armes, qu'il voulait reconquérir l'héritage de ses
pères [1]. »

[1] *Histoire de Bertrand du Guesclin et de son époque,* par Siméon
Luce, membre de l'Institut, pages 2 et 3.

II

LES NEVEUX FAVORIS DU CONNÉTABLE
COMMENT LA ROBERIE ADVINT AUX DU GUESCLIN

Avec ces belles imaginations en tête, gagnons la Motte-Broons. C'était à dix lieues de Rennes, dans un pays coupé de vallons et couvert de bois, un grand manoir, à l'abri peut-être d'un coup de main ; mais assurément très inférieur à la forteresse du Plessix-Bertrand. A la fin du treizième siècle, Jeanne de Broons l'avait apporté à Bertrand IV du Guesclin, frère cadet de Pierre.

Sans nous perdre chez les de Broons et dans l'énumération de leurs glorieux services, prenons toutefois le temps de vous montrer le croisé Guillaume, couvert de feu grégeois à la Massoure en défendant le pont qui assurait la retraite de saint Louis. Qui sait d'ailleurs, si en suivant droitement notre chemin, nous ne retrouverons pas, à quelque détour et d'une façon fort inattendue, ces nouveaux alliés des du Guesclin ? Fils de Bertrand IV et de Jeanne de Broons, Guillaume du Guesclin épousa en premières noces Alix de Dinan dont il n'eut pas d'enfants ; en secondes noces une fille de la maison de Beaumont d'où trois garçons : Robert, Olivier, Bertrand et une fille, que nous avons le devoir de ne pas oublier. Elle s'appelait Jeanne et fut mariée à Guillaume Budes, seigneur d'Uzel, auquel elle donna deux fils : Sylvestre, porteur de la bannière du connétable à la bataille de Navarette, lieutenant général et gonfalonnier de l'Église romaine [1]; Jean, seigneur du Hirel, glorieusement tombé à Rosbec, qui compte dans sa descendance l'illustre maréchal de France Budes de Guébriant, les généreuses fondatrices et l'une des supérieures de la congrégation rennaise dite des Filles de la Sainte Vierge ou encore des dames Budes.

Le frère aîné de cette Jeanne Duguesclin amena au manoir de la Motte-Broons Jeanne de Mallemains, d'origine normande mais possessionnée en Bretagne de la seigneurie de Sens et du pittoresque moulin de Vieuxvy-sur-Couasnon.

A propos de la Motte-Broons et de la mère du connétable, Jeanne de Mallemains, ne craignez-pas de nous voir reproduire les scènes tumultueuses de la jeunesse de Bertrand, si parfaitement mises en relief par les anciens et les modernes. Notre seule prétention de Vitréen est d'attirer votre attention sur l'un des oncles de celui qui devait remplir, de son nom, les annales de Bretagne, de France et d'Espagne. Est-ce parcequ'il s'appelait aussi lui, Bertrand, que vous réclamez en sa faveur? — Non, nous avons bien d'autres raisons et voici la première de toutes : le fils de ce du Guesclin, seigneur du Vauruzé et son petit-fils figurent aux testaments et codicilles dictés, devant Châteauneuf Randon, les 9 et 10 juillet 1380, et cela dans des termes qui ne laissent aucun doute sur la

1 En 1377, dix Bretons de l'armée de Sylvestre Budes se battirent, à Rome, contre dix Allemands et les vainquirent.

sincérité des sentiments affectueux que le connétable leur avait voués. Pour vous .enlever, à cet égard, toute incertitude, nous vous mettons les textes sous les yeux :

« *Item.* Nous donnons à Bertrand du Guesclin, fils de notre cousin messire Olivier du Guesclin[1], ce que deux cents livres de rente pourraient coûter, pour convertir en héritages, en Bretagne, ou la rente ly être payée jusqu'au temps où le paiement lui en sera ·fait.

« Amplifiant notre grâce au dit Bertrand *parce qu'il porte notre nom et de par nous, et par faveur de plusieurs bons et agréables services que notre dit cousin nous a faits* et espérons qu'il fera au temps à venir, par la teneur de ces présentes, donnons et octroyons les dits deux cents livres de rente à·ly être assises et assignées sur notre féage et domaine de la Cheverie (partie de la terre de Sens) avec ses appartenances et sur mes autres terres de proche en proche, de pièces en pièces[2], de lieu en lieu jusqu'au dit prix. »

La belle affaire, pensez-vous, que deux cents livres de rente! Ce n'était pas la peine de tant vanter la générosité du connétable! — A la balance dont nous nous servons en 1916 d'accord ; mais à celle dont usaient les gens de 1380, les deux cents livres représentaient le chiffre fort honnête de huit mille francs de rente. — Comment cela? — Parce qu'au dire d'un chercheur bien informé, M. Leber, la livre valait alors quarante francs de notre monnaie.

---

[1] Surnommé Catruche. Lire à cet égard un mandement du duc Jean V, portant dans la collection le N° 1422.

[2] Dom MORICE, II⁰ vol. des *Preuves de l'histoire de Bretagne*, col. 286, 287, 288, 289.

Bertrand du Guesclin, fils d'Olivier et de Jeanne de Bouillé, petit-fils de Bertrand, seigneur du Vauruzé et Thomase le Blanc, dame de la Roberie, pouvait donc bénir la mémoire de son illustre oncle à la mode de Bretagne qui lui permettait à la fois, de tenir rang parmi ses pairs et de contracter une belle alliance avec Ysabeau d'Ancenis, fille de Thibaud et d'Ysabeau de Clisson [1]. Par malheur, de ce mariage n'issut qu'une fille unique. Commençons par dire son destin.

Elle répondait au nom de Catherine et fut donnée en mariage à Charles de Rohan-Guémené. C'est l'ancêtre d'une légion de Rohan, princes de Guémené, ducs de Montbazon, princes de Montauban, de Soubise, seigneurs de Gié, l'ancêtre aussi des Rohan-Chabot et d'*Alain, duc de Rohan, député du Morbihan*, chevalier de la Légion d'honneur, décoré de la Croix de guerre, glorieusement tombé en juillet 1916, au cours de l'offensive anglo-française. — Soit, mais avec cette Catherine, nous voilà bien loin du Vitréais ! — Erreur ! Laissez-là agir et croyez qu'elle vous conduira dans le plantureux pays que vous aimez.

Le premier mai 1407, jour saint Jacques et saint Philippe, Catherine du Guesclin [2], dame de Rohan-Guémené, donne partage aux frères juveigneurs de son père. Ils se nomment Guillaume, Robert et Olivier et voici ce qu'ils reçoivent de leur nièce :

1° Les herbergements, terres appartenances et

---

[1] Ysabeau de Clisson, sœur d'Amaury, tué au combat de la Roche-Derrien en 1347.

[2] Par les d'Ancenis, Catherine du Guesclin était dame de Mortiercrolles et ce fut un de ses petits-fils, Pierre de Rohan, maréchal de Gié, qui construisit le curieux et élégant château qui, dans son état de ruine, fait encore à Mortiercrolles l'admiration des amateurs des grandes et belles constructions du quinzième siècle.

dépendances de *la Roberie, sise en Saint-Germain-du-Pinel, au duché de Bretagne et diocèse de Rennes* ;

2° Les lieux, domaines et appartenances de la baronnie des Pallières et la Bellangerie, sis près la Roberie, avec tous les droits de juridiction et seigneuries comme les dits bailleurs y avaient ou pouvaient avoir, toutes les rentes en deniers, bleds, poulailles, biennaux comme quelques autres devoirs ou servitudes qu'aux dits lieux et pour raison d'eux, ou de chacun d'eux, peuvent être dus de quelconque personne, tant en fiefs nobles que roturiers ès paroisses de Saint-Germain-du-Pinel, de Domalain, de Gennes, de Moutiers, d'Availles, en la manière que la dite dame feue Thomase le Blanc, jadis dame de la Roberie, les tenait et possédait durant le temps qu'elle vivait ;

3° Le lieu et appartenances de la Bardoulière en la paroisse de la Brissarthe [1], au duché d'Anjou, ainsi et par la manière que la dite dame Thomase les acquit de Jehan du Vergier et Marion, sa femme.

A cet acte étaient présents : Ysabeau de Clisson dame de Remefort, Ysabeau d'Ancénis, Gilbert du Houlle, Alain de Carieuc, *Guillaume Bizien* et plusieurs autres. Tous attestent avec le passe J. Couart que Guillaume, Robert et Olivier du Guesclin, oncles de Catherine, se sont tenus pour bien payés et contents.

Comme terminologie, l'énumération est un peu dure, mais que de renseignements elle nous livre !

---

[1] Bertrand du Guesclin, mari d'Ysabeau d'Ancenis, fut inhumé à Brissarthe, paroisse de la Bardoulière.

III

LES SEIGNEURS DE LA ROBERIE AUX QUINZIÈME ET
SEIZIÈME SIÈCLES

LEURS ALLIÉS — L'ARRIVÉE DES DE BROONS EN VITRÉAIS

Nous savons maintenant d'où la Roberie venait aux du Guesclin; comment ils s'implantèrent en notre pays; leurs raisons d'aller pousser leur pointe en Anjou, au Maine et tout cela grâce aux moines bénédictins qui copièrent judicieusement et mirent en leurs *Preuves de l'histoire de Bretagne* ce précieux partage, conservé naguère au chartrier de la Roberie, chartrier fort riche dont nous aurons plusieurs fois l'occasion de parler[1].

De quelle façon les trois juveigneurs Guillaume, Robert et Olivier partagèrent-ils entre eux? Nous l'ignorons, mais nous croyons infiniment probable que Guillaume l'aîné eut la Roberie et que peu à peu, par le fait d'acquets ou d'héritages, les terres adjacentes devinrent sa propriété. Toujours est-il qu'au xvie siècle ses descendants possédaient la Roberie, la Bellangerie, les Palières, la Bouverie en Moutiers, le Planteix en Availles. Entre tous ces domaines distinguons les Palières, une terre noble dont le nom était porté par

---

[1] Tome II des *Preuves de l'histoire de Bretagne,* col. 787, 788, 789.

une famille du XIIe siècle. L'an 1120, Gautier des Palières donnait à Dieu et à Saint-Martin de Marmoutiers, pour l'usage des religieux de Sainte-Croix de Vitré, le droit de presbytérage qu'il avait dans l'église de Moutiers.

Ainsi possessionnés tout près des marches mancelles et angevines, les du Guesclin ne tardèrent pas à les franchir et devinrent seigneurs et maîtres en Peuton, non loin de Craon, des terres du Gast et de la Thevinière[1]; du Fay proche Cuillé, de l'Écoublère en la paroisse de Daon, de la seigneurie de Daniau en la paroisse du Ménil, du manoir et seigneurie du Grand-Deffay en Saint-Pierre-sur-Erve. Beaucé en Anjou fut aussi leur bien.

Chemin faisant, donnons les raisons de ces agrandissements de fortune.

Tandis qu'en 1407 Guillaume obtenait la Roberie, il y avait, au manoir du Gast, une héritière répondant au gracieux prénom de Fleurie. Elle devait être la fille de Guillaume Morin, chevalier, seigneur de la Porte et de la Thevinière en 1367. Guesclin brigua sa main et l'obtint. Ils filèrent des jours heureux jusqu'en 1440, date de la mort de Guillaume. Grâce aux *Preuves de l'histoire de Bretagne*, nous pouvons ajouter que le sire de la Roberie, à la tête de quatorze écuyers et qualifié de chevalier bachelier, était au nombre des gens d'armes venus, l'an 1415, *des marches et pays de Bretagne, pour servir le roi en l'armée qu'il avait faite en Picardie*[2]. Au mois de septembre 1416, on recevait à Touques en Calvados, la montre du même chevalier

---

[1] Consulter le *Dictionnaire historique de la Mayenne*, par l'abbé ANGOT.

2 1415, l'année du désastre d'Azincourt.

bachelier et de neuf écuyers de sa compagnie, parmi lesquels son frère Olivier du Guesclin. L'acte de réception portait comme sceau du dit Guillaume : un aigle sans bande et pour cimier une tête d'aigle dans un vol. Avec ce brave soldat nous serons quittes après l'avoir qualifié de chambellan du Roi[1], de garde et capitaine du château de la Rochetaillée.

Fils aîné de Guillaume et de Fleurie Morin, Jean du Guesclin leur succéda à la Roberie, au Gast et autres lieux. Suivant un compte de 1457, il accompagna le duc Arthur III en son premier voyage vers le Roi et de ce fait reçut, d'Olivier Roux, receveur général de Bretagne, la somme de quinze écus[2].

On sait qu'entouré de nombreux seigneurs, désignés pour l'escorter, le duc entra à Tours en triomphe faisant porter devant lui, par son écuyer Philippe de Malestroit, ses deux épées, celle du duc nue, la pointe en haut, celle de connétable en écharpe et au fourreau.

Trois ans après avoir pris part à cette belle chevauchée, Jean du Guesclin décéda et fut inhumé en l'église de Saint-Germain-du-Pinel. Il avait épousé *Jeanne de Sévigné*, fille de Guillaume et d'Anne de Mathefelon.

L'existence de son fils Gilles se déroula dans de toutes autres conditions. Le trésorier des guerres Olivier Baud témoigne que ce beau et brave jouvenceau, accompagné d'un archer, compte au nombre des hommes d'armes, « qui ont vacqué à la garde de La Guerche jusqu'au premier janvier 1464[3]. » A cette date,

---

[1] Voir *Recherches sur la chevalerie au duché de Bretagne,* par M. DE COUFFON, tome II, page 355.

[2] Dom MORICE, *Preuves de l'histoire de Bretagne,* col. 1723, t. II.

[3] Dom MORICE, *Preuves de l'histoire de Bretagne,* col. 520, t. III.

Gilles du Guesclin remplit son devoir de féal sujet envers le duc de Bretagne François II. En 1482, il obéit au roi Louis XI, l'adversaire juré du duc et l'ennemi des Bretons[1]. Qu'il soit là en bonne compagnie, tant que vous voudrez! En fait, il se montre rebelle. — Et pourquoi l'est-il devenu? — Parce qu'un vitréen, de petit état, gouverne le duc; parce que ce vitréen, d'une habileté consommée en diplomatie et en matière de finances, veut conserver une Bretagne indépendante à un souverain indépendant qui puisse, comme Arthur III, faire porter fièrement, devant lui, son épée de duc nue, et la pointe en haut[2].

Pour s'être ainsi mépris et confédéré avec les ennemis de son pays, Gilles du Guesclin vit sa Roberie et sa personne exposés aux plus rudes atteintes ; aussi passa-t-il rapidement la frontière dont il était proche, attendant en terre française des temps meilleurs. Ils arrivèrent, le jour où par une autre trahison, l'armée ducale commandée par le bâtard d'Avaugour[3] se joignit aux confédérés contre le grand trésorier, contre le souverain, au mépris de la Bretagne que les Français, aux ordres de la Trémoille, allaient bientôt traiter en vainqueurs.

[1] Avec Lancelot de Quenecan, marié à *Marie du Guesclin*, François Anger, Jehan de la Chapelle, Jehan du Perrier, Jehan le Bouteiller chevalier, Guillaume de Bogier, Prigent Prevost, Jehan de Trévecar, Guillaume de Sévigné chevalier. De tous ceux-là, et de Gilles du Guesclin de la Roberie, le duc dit par ses lettres et mandements, avoir fait abattre et démolir partie de bois anciens, maisons, colombiers, édifices.

[2] Prenez *Le château Landais à Vitré*, par l'abbé PARIS-JALLOBERT et vous y verrez la foule des nobles descendants du trésorier de Bretagne et de sa sœur Olive Landais, parmi lesquels des Bourbon Condé, des Bourbon Conti. Le vitréen de bas état, pendu haut et court, n'aurait pu rêver meilleure revanche.

[3] Fils naturel du duc François II.

N'ayant plus rien à craindre de Landais, du Guesclin reprit sa vie seigneuriale en terres bretonnes et mancelles. Il s'était fait de si bons amis en l'une et l'autre région ! En voulez-vous une preuve ? Le savant auteur du *Dictionnaire historique de la Mayenne* vous dira qu'au Maine, Gilles fut le vassal d'Hardouin de Maillé, neveu de Jeanne de Maillé de sainte mémoire, mari de Peronnelle d'Amboise, gouverneur de Bourgueil-en-Vallée, maître d'hôtel de la Reine. Entre suzerain et vassal, les rapports furent tels, qu'en 1466, Hardouin réduisit à un hommage simple, les deux hommages que Gilles lui devait comme possesseur du Gast et de la Thevinière *pour aulcuns plaisirs que le dit Gilles lui a faicts.*

Ce Gast, cette Thevinière, la Roberie et beaucoup d'autres lieux passèrent en 1501 à Guillaume du Guesclin qui s'orienta vers la Motte de Gennes pour y choisir la compagne de sa vie : Jeanne de Denée.

Curieux spécimen d'une construction féodale remaniée, plus ou moins heureusement, aux xviie et xviiie siècles, la Motte de Gennes méritait figurer et figure dans la série des cartes postales destinées à reproduire les sites et habitations remarquables du Vitréais. Ses tours massives ont dû être édifiées par les Denée, une race connue dès le xie siècle et qui portait d'argent à trois pals d'azur.

A l'heure où Richard de Bretagne, à la tête d'une armée réunie par son frère le duc Jean V, s'en va vers Saint-Aubin-du-Cormier et la marche normande, pour tirer vengeance des pilleries et exactions anglaises, Thebaud de Denée apparait parmi les hommes d'armes du prince[1] avec Jean d'Espinay le futur contreban-

---

[1] Dom MORICE, IIe v. des *Preuves de l'hist. de Bret.*, col. 1104, 1107.

dier [1], un Montbourcher, un du Matz, Olivier de Saint-Melaine, Jehan de la Rochière.

L'an 1497, alors que la noblesse bretonne se serre loyalement autour de son souverain, le même Thebaud unit son serment de fidélité à ceux des chevaliers et écuyers du Vitréais, les de Dommaigné, de Coymes, Houdry, Hardy, de Champeaux et autres [2]. Le 19 septembre 1452, on ne sait pour quelle cause, il a pour adversaire, devant les gens du Parlement, Jacques de l'Epine, curateur de Robert de Bruc [3].

A Gennes, ce Denée tenait le haut du pavé. Il était prééminencier et patron de l'église paroissiale.

Faut-il le donner pour père ou grand-père à Jeanne de Denée, dame du Guesclin de la Roberie ? Si nous ne pouvons rien préciser à cet égard, croyez du moins dur comme fer, qu'en 1492 la Motte de Gennes était habitée par Jehan de Denée et Olive d'Erbrée sa femme, qu'en 1516, François de Denée et Marguerite Brulon y vivaient en sécurité. Surtout n'oubliez-pas de mettre en leur dynastie, à titre de sœur, de tante ou cousine, certaine Roberde de Denée qui fut la belle-mère de Pierre d'Argentré, seigneur de la Guichardière, et la grand'mère de Bertrand d'Argentré, l'un des historiens de Bretagne [4].

---

[1] Voir *Épinay en Champeaux*, pages 19, 20, 21, 22.

[2] Dom MORICE, IIe vol. des *Preuves,* col. 1307.

[3] Dom MORICE, IIe vol. des *Preuves,* col. 1580, 1615.

[4] Sur les Denée, l'abbé PARIS-JALLOBERT a relevé, sur les registres paroissiaux d'Erbrée, les actes suivants :

Jehan Denée, sieur de la Haye d'Erbrée, parrain en 1499.

François de Denée, seigneur de la Motte de Gennes et Marguerite Brulon son épouse, mentionnés en 1516.

Noble Roberde de Denée, mariée à noble écuyer Guillaume

En l'église de Moutiers, Guillaume du Guesclin et Jeanne de Denée choisirent leur sépulture. Ils avaient donné à leur fils aîné le prénom du connétable. Ce Bertrand fut, après eux, seigneur de la Roberie, des Pallières, du Daniau, du Gast et laissa ce dernier domaine, en douaire, à sa femme Renée Haussard. Était-ce une bretonne, une angevine, une mancelle ? Le dira qui pourra ! Nous inclinons cependant à la croire originaire du Maine. En tous cas, ce fut vers ce pays que son fils René du Guesclin alla chercher femme. Une fille de l'illustre maison de Vaux consentit à unir son sort au sien. S'ils furent bien inspirés, l'un et l'autre, voici pour vous renseigner à cet égard : « Des Vaux, écrit M. Angot, une des plus puissantes familles du duché de Mayenne, originaire des Vaux en Champéon. Aux xive et xve siècles, ses membres sont de toutes les montres de gens d'armes et dans tous les combats. Jean, Gervais, Geoffroi se rencontrent à Avranches, à Paris, à Dol, à Angers, à Pontorson en 1379, 1380, *sous les ordres de du Guesclin* ou de ses lieutenants. Geoffroi, Jean, Guyot, Pierre, André, commandent eux-mêmes des compagnies d'écuyers.

Dollier, seigneur de la Caillère et de la Haye d'Erbrée.

Marguerite de Denée nomme le 27 juillet 1510 César Dollier, fils des précédents.

Nicolas de Denée et sa femme Louise de Malestroit figurent sur les registres de Betton en 1556.

Écuyer Guillaume Dollier, seigneur de la Caillère, portait le drap au service funèbre d'André Cholet, seigneur de la Mériais, beau-père de Jehan de Gennes (1522), avec Guillaume du Grasmenil, Pierre Brocquet seigneur du Feu et Gilles Gaulay, seigneur du Mesnil-Morel. (PARIS-JALLOBERT, *Journal historique de Vitré*).

Jehan, fils de ce Guillaume Dollier, épousa Perrine de Poix de Fouesnel, d'où : Christophe Dollier, marié à Barbe du Plessix d'Argentré.

« Jean des Vaux, lit-on dans un mémoire de 1423, qui est noble, chevalier de grande et noble lignée, ordonné, pour sa vaillance capitaine du chastel et place de Mayne, résista vaillamment contre les ennemis et les a fort guerroyés par espécial à la journée de Baugé où vaillamment se porta et fut fort navré et depuis à une détrousse d'Anglais où furent morts six vingt sur la place. »

Glanez encore ce détail qui, au point de vue vitréen, a son prix : « Jean des Vaux sert en 1371 sous du Guesclin, en 1386 sous le seigneur de Landivy et épouse le 23 octobre 1404 Jeanne de Vendôme, fille du seigneur de Lassay. Par *son testament, fait à Vitré le 20 juillet 1429*, il demande à être enterré près de sa femme, en l'église de Fontaine-Daniel. »

Reconnaissez en ce brave, l'un des fidèles groupés en 1429 au château de Vitré autour des petit-fils de Madame l'Aisnée Jeanne de Laval-Châtillon, et avouez que Jeanne des Vaux avait toutes raisons d'accepter de venir à la Roberie et en Vitréais.

Au temps de son beau-père, les du Guesclin avaient eu la bonne fortune de voir arriver tout près d'eux leurs célèbres alliés : les de Broons.

Sur la paroisse d'Availles limitrophe de Moutiers, s'étendait une belle terre dite de Fourneaux. En 1495, Pierre de Villeblanche, seigneur de Martigné-Ferchaud, en était maître. Elle passa, moyennant finances, aux mains du panetier de la reine Anne, François de Broons, qui la fit ériger en châtellenie.

Depuis le combattant de la Massoure, les de Broons n'avaient rien perdu de leur prestige. A Auray, ils avaient vaillamment combattu. Au siège de Montereau, l'un d'eux avait été armé chevalier par le comte de Richemont. Ils comptaient encore à leur actif : un capitaine de Dol, un chambellan du duc et au moment où le panetier de la Reine achète Fourneaux, Brondines de Broons s'intitule demoiselle d'honneur de la duchesse Anne de Bretagne, reine de France. Aussi, durant tout le cours du seizième siècle, la grande salle de Fourneaux voit-elle passer les plus belles compagnies. C'est un va-et-vient perpétuel de nobles gens réunis. pour fêter les seigneurs du lieu ou partager leurs deuils[1] : le commandeur de La Guerche d'Eschelles, Olivier le Voyer, Bertrand du Guéasquen, Jacques de la Villeblanche, Jacques de Teillay, Jean de Saint-Amadour, François de Denée, René de Montbourcher, Anceau Paynel seigneur de Balazé, Jean Bonamy seigneur de la Chesnonière[2] s'y rencontrent avec Françoise Le Vavasseur dame de La Roë, Jeanne de Beaucour dame du Brocaix et de Montmar-

---

[1] Jean de Broons, abbé de Saint-Aubin-des-Bois, finit ses jours en la maison de Fourneaux et fit testament; inhumé le 16 mars 1500.

Jacques de Broons, marié à Philippe de Moussy-Barjot, fut inhumé le 18 octobre 1622.

Noble dame Miraumonde de Barazouin, femme d'écuyer François de Broons, seigneur de Fourneaux, inhumée le 27 novembre 1502.

Haute et puissante dame Françoise d'Harcourt, femme de François-René de Broons, morte en Normandie, inhumée à Availles le 8 juillet 1651.

Noble et puissant Claude de Broons, seigneur de Fourneaux, Champ de la Pierre et Aligné, gentilhomme ordinaire de la chambre du Roi, grand fauconnier, époux de Françoise Le Verrier, mourut à Aligné en Anjou le 25 février 1610 et fut inhumé à Availles le 25 mars.

[2] La Chesnonière, terre en Moutiers, appartenant au xvie siècle à Jean Bonamy, argentier de la duchesse Marguerite.

lin [1], Françoise de Broons, veuve du vaillant chevalier Gilles de Carmené, premier échanson de la reine Anne, avec Barbe Busson dame de la Montagne [2], Marguerite du Hallay et Jeanne des Vaux dame de la Roberie.

Vous tous qui sous l'empire d'une vanité puérile, trouvez tant de bonheur à vous mettre à l'ombre des retentissantes personnalités, cette fois, donnez-vous en à cœur joie, car les habitués de Fourneaux font bonne figure à la Cour, aux armées, et personne ne vous accusera de vile obséquiosité si vous vous inclinez devant le chevalier de l'ordre, lieutenant général de Sa Majesté en Anjou, René de Montbourcher; devant ce Jean de Saint-Amadour qui fut à treize batailles et reçut l'ordre de la chevalerie à Fornoue, des mains de Charles VIII [3].

Autour des deux paneliers d'Anne de Bretagne et du grand fauconnier Claude de Broons, gentilhomme de la chambre du Roi, distinguez ensuite tout à votre aise les Barazouin, Le Verrier, d'Harcourt, le baron de Cholet, René Barjot [4], et ne les lâchez pas d'une

---

[1] Femme de Gilles du Matz, *maître d'hôtel du duc François II.*

[2] Femme de Jean de Champagné et bisaïeule de Françoise de Champagné, mariée à Paul Hay des Nétumières. On sait qu'un Hay fut un des fidèles compagnons d'armes du connétable; que l'académicien Paul HAY DU CHATELET est l'auteur de l'*Histoire de Bertrand du Guesclin, connétable de France, enrichie de pièces originales.* 1666, in-folio; 1694, in-quarto.

[3] Époux de Marguerite de Lesbiest qui lui donna Claude de Saint-Amadour, marié à Claude de la Touche-Limousinière, d'où : Philippe de Saint-Amadour, vicomtesse de Guignen, mariée : 1° à Jean de Rieux; 2° à Charles de Bretagne, comte de Vertus, baron d'Avaugour.

[4] Consultez les registres paroissiaux d'Availles. L'abbé Pâris-Jallobert en avait extrait et édité une série d'actes, qui contrôleront nos dires et mettront, sous vos yeux, tout un coin féodal du Vitréais.

semelle s'ils entrent dans la chapelle que les nouveaux seigneurs de Fourneaux ont accolée au mur oriental de leur manoir. Elle est éclairée par une baie de style flamboyant où se voyait naguère une série de panneaux représentant la Passion du Sauveur. Deux de ces panneaux ont seuls résisté à l'action du temps. Sur l'un, le verrier avait peint le fondateur François de Broons et sa femme, accompagnés de leurs patrons. Au-dessous de cette verrière, un autel de style renaissance mérite d'être remarqué. Il vous offre un curieux retable de marbre accosté de deux élégantes colonnes portant les statues de saint Fiacre et de saint Sébastien. Sculptées çà et là, les armoiries des de Broons, celles des Grout et de nos Geffrard qui leur succédèrent à Fourneaux, apparaissent.

Pour cette chapelle un saintier, voyageur comme la plupart de ceux du xvie siècle, fondit une cloche que vous trouverez au musée de Vitré, parée de cette inscription en caractères gothiques : *Je fus faite l'an 1538 pour Olivier de Broons, seigneur de Fourneaux. Prenez en gré ce don de notre sœur Jeanne de Broons.*

Et dire qu'attirés par leurs alliés normands les Le Verrier et d'Harcourt, les de Broons si curieux d'embellir le manoir de Fourneaux, si empressés d'en faire le centre d'une châtellenie, finirent par l'abandonner et le vendre au cours du xviie. L'un d'eux, Jean de Cossesville et de Fourneaux, crut devoir donner en plein calvinisme et mérita cette mention vengeresse du soldat pamphlétaire Luette de la Vallée, dit Picque mouches.

> *Je vois là ce traitre de Fourneaux,*
> *Meurtrier du baron de Vernie* 1.

---

¹ Jean de la Ferrière, gouverneur de Domfront pour la Ligue.

IV

LES CHEVALIERS DE L'ORDRE
LE PRIEUR DE SAINT-GERMAIN-DU-PINEL
LES HUGUENOTS A LA ROBERIE

A la Roberie, de telles défections ne sont point à craindre. Retournons-y donc avec René du Guesclin et Jeanne des Vaux.

Sans parler des filles dont les historiens ne s'occupent guère et que les généalogistes oublient parfois trop aisément, René et Jeanne eurent pour fils Bertrand, Antoine et peut-être Joachim du Guesclin. Acquittons-nous envers ce dernier qui fut certainement sieur du Planteix en Availles et décéda l'an 1597. Notons que lui ou un autre Joachim du Guesclin était alors écuyer des ducs d'Elbeuf et d'Étampes et en assez belle notoriété pour être député aux États généraux de 1593 [1]. En règle avec lui, soyons tout à ses deux frères.

Tous les deux, dans des situations fort diverses, méritent de fixer votre attention. L'aîné, Bertrand, catholique fervent, brave capitaine, loyal serviteur, commande le ban et l'arrière-ban de la noblesse de

---

[1] Sous leurs surnoms de la Roberie et de la Thevinière, les du Guesclin parurent aux États de Bretagne tenus en 1573, 1576, 1579, 1582, 1584. (Voir *Documents inédits relatifs aux États de Bretagne,* par le vicomte DE LA LANDE DE CALAN, pages 26, 77, 138, 177, 209.)

l'évêché de Rennes. Lieutenant des gendarmes du futur maréchal de France Urbain de Laval, seigneur de Bois dauphin, il se trouva aux bons endroits, pour donner et recevoir de beaux coups d'épée. Le 6 décembre 1569, le roi Charles IX le fit son gentilhomme servant et Henri III lui donna le collier de l'ordre [1]. Ouvrez le IIIe volume des *Preuves de l'histoire de Bretagne,* vous aurez de ses nouvelles.

« Mon cousin, j'ai vu ce que m'écrivez de l'avis qu'ont pris les bourgeois de la ville de Fougères de nourrir, chacun, un bon arquebusier des paroisses, jusqu'au nombre de soixante, qui est une bonne chose, et aussi de quoi ceux qui viennent faire la garde du château se rangent à la faire à la ville, ce qui est bien raisonnable et nécessaire. Aussi, vous avez de cette heure entendu, comme tous les arquebusiers de l'arrière-ban de cet évêché, vont à Fougères, ainsi que je leur ai ordonné, pour la garde de la dite ville *avec Monsieur de la Roberie, capitaine des gentilshommes de la dite évêché.* — Le dit sieur de la Roberie donnera ordre pour faire racoustrer la brèche.... C'est tout ce que je vous dirai pour cette heure, que prier Dieu, vous donner mon cousin, parfaite santé et heureuse vie. »

Datée du 26 février 1577, cette lettre était signée du lieutenant général du roi en Bretagne, Georges du Bueil de Bouillé. Elle devait être remise à M. de la Marzelière, chevalier de l'ordre du roi à Fougères, chargé ainsi de prévenir toute tentative huguenote contre cette ville. Le 30 du mois précédent, le même lieutenant général avait prescrit à Bertrand du Gues-

---

[1] DE CARNÉ, *Les chevaliers bretons de Saint-Michel,* pages 174, 175.

clin de la Roberie de faire jurer la sainte association à tous les nobles du Fougerais.

Outre l'éclat de son nom, son mérite personnel, notre du Guesclin avait-il quelque autre raison d'être *persona grata* près de ceux qui devaient s'engager solennellement devant lui? — Celle d'avoir épousé, par contrat de mariage du 15 décembre 1566 Julienne du Châtellier, fille de Jean, sénéchal de Fougères et d'Orphraise de Couasnon [1].

Capitaine enseigne de cinquante lances, Bertrand mourut au service du Roi, fort loin de Fougères et de Saint-Germain-du-Pinel. Tombé malade au siège de Castillon en Dordogne, place célèbre qui avait vu naguère la défaite de l'anglais Talbot et le triomphe du vitréen André de Laval-Lohéac, le seigneur de la Roberie fut transporté à Bordeaux et y expira.

Julienne du Châtellier lui survécut nombre d'années, entourée à la Roberie d'enfants et de petits-enfants qui lui firent honneur. Le 12 mai 1613, en l'église de Saint-Germain-du-Pinel, avec Bertrand de Valleaux [2], elle donne le nom de Bertrand à l'un de ses petits-fils, baptisé par son beau-frère, le prieur Antoine du Guesclin.

A Moutiers, le 13 novembre 1619, elle nomme Julienne une de ses petites-filles, également baptisée par l'oncle Antoine. Une bien intéressante personnalité que celle de ce modeste prieur de Saint-Germain-du-

---

[1] Flle de César de Couasnon du Breilmaufany et de Jeanne du Pontbellanger.

[2] Sur les de Valleaux, seigneurs du Bois-Robin en Marcillé-Robert, voir : *Vitré et ses premiers seigneurs*, page 108. — *Aux Rochers et autour des Rochers*, page 146. — *Entre la Martinique et Vitré.*

Pinel ! Tandis que son aîné jouit des faveurs royales, il ne rêve point pour lui-même de hautes destinées. Sans souci des riches bénéfices, il partage les bons et mauvais jours de ses ouailles, distribuant, durant trente années, les secours de la religion et les bienfaits temporels dans le pays qui l'a vu naître. Nous est avis, qu'à l'exemple de son grand-oncle le connétable, il avait pour les villageois un particulier attrait. En tous cas, c'est au milieu d'eux qu'il voulut reposer. On le coucha en l'église de Saint-Germain-du-Pinel le 28 octobre 1627.

De son temps et alors que son frère Bertrand, son neveu César commandaient à la Roberie, huguenots et catholiques luttaient avec des fortunes diverses autour de Vitré, La Guerche, Châteaugiron, Craon. Aux furieuses attaques des uns, succédaient les représailles des autres. Vous pouvez vous figurer aisément l'état du pays. Voici pour vous peindre la sécurité des ecclésiastiques :

« En iceluy 1566, les huguenots vinrent en l'église de Rannée et n'y demeura imaige qui n'y fut prosternée contre terre et rompue, et tout ce qu'ils trouvèrent en la dite église fut ravy et emporté, comme linge, plats d'étain, chandeliers, cierges, coffres rompus et autres dommages qui y furent faits.

« Et de Rannée descendirent à La Guerche où il n'y demeura aultier qui y fut, ni livres, ni imaiges qui fussent brûlés à feu ; et les pauvres prêtres étaient en grande peine, se cachant par haie et par bois, voyant qu'on les cherchait à mettre à mort ; et dont de cette paroisse nous entre trouvâmes neuf, en la forêt de La Guerche, sans nous entre-chercher, et en grande peur et crainte ; est à savoir : Maître Gilles Chancée soussigné, dom Robert du Doët, dom Jean Franchère, dom Jean Dominel, dom Jacques le Prince, dom Pierre Franchère, dom Michel Andouard, dom Pierre Sarrazin et aultres.... »

Bah ! direz-vous, que pouvait craindre le prieur de Saint-Germain ? n'avait-il pas la Roberie pour le garantir de toute fâcheuse entreprise ? — En trois lignes l'enragé calviniste Montmartin se charge de vous répondre : « La maison de la Roberie confite en ligue auprès de La Guerche tenait fort ; *elle fut prise, pillée et saccagée.* »

Ce fut en 1589 le second exploit des deux mille cinq cents hommes commandés par la Courtdavon, de la Tremblays, Montbarot, de Molac, de Montbourcher du Bordage, de Montsoreau, qui avaient tout d'abord tué le curé d'Étrelles, pendu ou brûlé soixante et onze de ses paroissiens et emporté toutes les richesses de l'église.

Comment, Monsieur de la Roberie, vous vous permettez de compter parmi les pages du duc de Mercœur ; vous vous piquez de vivre et mourir dans la foi de vos pères, de vouloir un roi catholique, que vous aurez, hélas ! à notre grand dépit ! Eh bien, en attendant, réparez les brèches de votre maison forte, meublez-là à nouveau, et s'il vous en coûte, tout sera pour le mieux dans le clan huguenot.

Du fait de cette rageuse intervention, César du Guesclin ne fit que grandir dans l'estime des catholiques qui le députèrent en 1591 aux États généraux avec Joachim de Sévigné, François de Carné Rosampoul et René du Pé Orvault, pour demander le maintien de la religion catholique, apostolique et romaine, comme loi fondamentale du royaume.

Sa maison de la Roberie restaurée, il y amena du vivant de son oncle le prieur Antoine, Jacquemine Le Garengier, née en l'évêché de Saint-Brieuc et fille de Mathurin, seigneur de la Picquenay et de Marguerite de Launay. Compagnon d'armes du maréchal de Brissac et du duc de la Trémoille, César du Guesclin reçut le collier de l'ordre en 1636 [1] et mourut en sa Roberie le 20 mars 1650. Le 25 du même mois, on l'inhuma en l'église de Moutiers.

D'où pouvait bien lui venir son prénom impérial, jusque là sans précédent dans la filiation des du Guesclin? — de son parrain César de la Vieuville, seigneur de Pouez. — Nous connaissons Pouez et son grand étang desséché. C'est un domaine en Domalain et nous savons de plus qu'une famille de ce nom s'allia aux d'Argentré et aux de Champagné. Mais les la Vieuville? — Eh bien, les la Vieuville vivaient au pays de Julienne du Châtellier, dame des Flegés [2] et de la Roberie. L'un d'eux, René, vint en Vitréais épouser Jeanne de Pouez d'où, comme fils ou petit-fils César, catholique, lorsqu'en 1574 il nommait à Moutiers notre du Guesclin, gagné depuis au calvinisme par les beaux yeux de Judith de la Muce [3].

L'erreur, chez ses descendants ne fut pas, il est vrai, de très longue durée. Vous aurez le bonheur de le constater en lisant sur les registres paroissiaux du Châtelier le témoignage de leurs abjurations [4], et sur ceux de Domalain cette mention :

---

[1] DE CARNÉ, *Les chevaliers bretons de Saint-Michel*, p. 175, 176.

[2] Terre située en la paroisse de Baillé, acquise des du Guesclin par les Begasse, nunc au marquis et à la marquise de Prévoisin.

[3] Fille de Bonaventure de la Muce, gouverneur de Vitré.

[4] Sur les la Vieuville, consulter *Mœurs et coutumes des familles bretonnes*, tome I, page 31. Testament de Guyonne Lasne, femme de Guy de la Vieuville, seigneur du Boulay.

« Le 3 janvier 1704, la grosse cloche fut bénite et nommée Perrine-Françoise par messire François-Pierre Grout, chevalier, seigneur de Moutiers, d'Availles, de Forges, de Princé et par demoiselle Françoise de la Vieuville, dame du Châtellier et de Pouez, en présence de Messieurs les recteurs de Vergéal, Bais, Argentré, Visseiche, Moutiers et d'*Élisabeth de Montgommery, dame de la Vieuville.* »

Deux années avant cette solennelle cérémonie, le 25 avril 1702, en présence de sa fille cadette Françoise, future marraine de la grosse cloche de Domalain, Élisabeth de Montgommery avait donné sa fille aînée à messire Charles Michel, seigneur de Cambernon et c'est de ce couple que descendait *Charles Michel, comte d'Annoville*, attaché à la légation du grand duché de Luxembourg, chevalier de la Légion d'honneur, décoré de la Croix de guerre, qui eut, en août 1914, le bonheur de sauver des mains allemandes les archives françaises ; en 1916, l'honneur de tomber, criblé de blessures, à l'attaque de Thiaumont, en léguant à sa mère [1] dont il était le fils unique, l'assurance de son amour pour le Christ, pour la France.

Nous croyons faire œuvre d'historien en unissant

Ce manoir *du Boulay*, appelé plus tard *la Vieuville*, était à René de la Vieuville, fils d'Harcouet, en 1513. — Consulter en outre *les registres des églises calvinistes de Vitré et de Cleusné* ; — *les Notes sur l'histoire de Fougères*, par le vicomte LE BOUTEILLER, t. III, p. 373 ; t. IV, p. 15 et 16 ; — les *Registres paroissiaux du Châtellier.*

Élisabeth de Montgommery, veuve de Jean de la Vieuville, était fille de Jean de Montgommery, seigneur de Chantelou et d'Élisabeth de Montbourcher. Elle et ses deux filles abjurèrent en 1686.

1 Veuve du comte d'Annoville, officier de marine, l'une des victimes du naufrage de l'*Arrogante*, petite-fille de Charles de Chênedollé, auteur du *Génie de l'homme.*

son glorieux nom à celui du filleul de César de la Vieuville, le chevalier de l'ordre César du Guesclin.

Celui-ci avait eu deux frères : un aîné Bertrand, mort en 1606 sans alliance et inhumé à Moutiers le 26 juin [1], un cadet nommé Gabriel [2]. De ce dernier et de ses descendants nous parlerons, au préjudice momentané des aînés de la Roberie.

[1] Le 27 décembre 1594, ce Bertrand du Queaquin, seigneur de la Roberie et Marie de Gréal, dame des Champs, nommèrent à Rhetiers Odette du Hallay, fille d'Étienne du Hallay, chevalier de l'ordre du Roi, et de Gilonne de Coatquen. Étienne du Hallay avait défendu son château de la Borderie, en Rhetiers, contre le duc de Mercœur, qui s'en rendit maître.

[2] Et un troisième répondant au prénom de François et au surnom de sr du Gast, ainsi qualifié par l'abbé ANGOT en son *Dictionnaire de la Mayenne*.

V

Conseiller au Parlement de Bretagne, Gabriel du
Guesclin poussa jusqu'à Sablé pour trouver, à la fois,
une aimable femme et une belle dot qui lui permit de
payer sa charge et de soutenir son grand nom. La fille
du bailli de Sablé lui parut faite pour assurer son
bonheur et Renée Nepveu devint dame du Guesclin.

Qui nous renseignerait bien sur ce bailli et sa
famille ? — Gilles Ménage, un érudit, s'il en fut, en
relation avec quantité de gens déjà célèbres ou en
passe de le devenir, aidés et prônés par lui. On sait
qu'à Paris, Gilles avait ses mercredis au cloitre Notre-
Dame et tenait, là, cour plénière de beaux esprits.
Notre châtelaine des Rochers Marie de Rabutin-
Chantal y parut, écouta le bonhomme citer avec
abondance et surabondance, les grecs, les latins, les
italiens, mais se garda bien d'en sortir pédante. A son
exemple, soyons suspendu aux lèvres de Ménage, tout
en réservant le cas échéant, notre entière liberté
d'appréciation.

« Rolland Nepveu, lieutenant général de Sablé, c'est
la qualité qu'il prenait, fut baptisé en l'église Notre-
Dame de Sablé le 15 mars 1553, où il eut pour parrain
messire Gabriel Jarry, recteur, c'est-à-dire curé de

Juigné et Rolland Nepveu s^r de Laune ; et pour marraine Barbe de Courbefosse [1], femme de maître Jean Gautier s^r du Potineau. Il avait épousé Marie Foullon, de la ville de Saumur, dame du Deffais, *dont il eut une fille unique qui fut femme de Gabriel du Guesclin, conseiller au Parlement de Bretagne, de la maison de Bertrand du Guesclin, connétable de France.*

« Marie Foullon était fille de Jean, contrôleur en l'élection de Saumur.

« Sa sœur Renée Foullon avait épousé Louis Bigot, sieur de Gastines, maître de la chambre des comptes de Paris, dont Marthe Bigot, femme de *Guillaume Bautru, comte de Serrant, introducteur des ambassadeurs et ambassadeur en Flandre* et N Bigot, maître des comptes de Paris. »

Et comme le fait d'avoir des relations avec de tels gens ne peut être que flatteur, Ménage ajoute, sans avoir l'air d'y prendre garde : Dans le registre baptistaire de l'église Notre-Dame de Sablé, à l'article du 16 août 1575, il est dit que Rolland Ménage, fils de Jean Ménage et de Jeanne Buret, avait été baptisé ce jour-là et qu'il avait été nommé par Rolland Nepveu s^r de la Morelière, qui est sans doute notre Rolland Nepveu.

Entre deux dires de Gilles laissez-nous intercaler qu'au début du xviie siècle, le gendre de Rolland Nepveu, Gabriel du Guesclin, acquit proche l'abbaye de Solesmes, la terre de Beaucé, citée pour sa ravissante

---

[1] Ce Gautier, écuyer, seigneur du Potineau, et sa femme Barbe de Courbefosse, marièrent leur fille Madeleine à Abraham Fouquet, écuyer, seigneur du Mortier-Cler, frère du bon serviteur du Béarnais, Guillaume Fouquet de la Varenne qui, après l'attentat de Ravaillac, apporta à La Flèche le cœur de son maître. (*Généalogie des Fouquet,* par P. de Farcy ; *Bulletin historique de la Mayenne,* liv. 107.)

situation aux bords de la Sarthe [1]; qu'en l'an 1619, il amena dans l'église bretonne de Moutiers écuyer Jacques Nepveu, lieutenant général du comté de Laval, pour y nommer, avec la douairière de la Roberie, Julienne du Guesclin, baptisée par le prieur de Saint-Germain, son grand-oncle.

Sur les Nepveu, désirez-vous davantage? Prenez la seconde partie de l'*Histoire de Sablé*; elle vous en offrira toute une tribu ; mais surtout, qu'ils ne vous fassent pas oublier que Ménage connut personnellement le fils et le petit-fils de Renée Nepveu, dame du Guesclin, et sut en parler en excellents termes. Pour preuves nous lui cédons la parole.

« René du Guesclin, conseiller au Grand-conseil, naquit à Sablé en 1614, le premier décembre. C'était un homme savant dans l'histoire, dans la généalogie, dans la peinture, dans l'agriculture et qui d'ailleurs n'était pas moins considérable par sa vertu que par son illustre naissance. »

Avec quelle élégance vous maniez l'encensoir ! Ménage. C'est plaisir de vous voir répandre les nuages parfumés en l'honneur de nos du Guesclin : ne vous en privez pas de grâce et réalisez votre devise : *Avec tous, bon ménage!*

« Il était, sans contestation, et du consentement de tous les généalogistes, de la maison de l'illustre Bertrand du Guesclin, connétable de France. C'est ainsi que ce connétable signait son nom ; ce *que je remarque en passant, parce que ce nom se trouve écrit en les livres, en quatorze différentes façons.* »

---

1 Renseignement dû à l'amicale obligeance de M. P. de Farcy, auteur de la *Généalogie des Fouquet de Belle-Isle et de la Varenne,* où vous trouverez également des Nepveu.

Pas une de plus, pas une de moins? Savant homme, en êtes-vous bien sûr? Après tout, pour des superstitieux, et il en est encore de par le monde, vaut mieux quatorze que treize. Passons sans chicaner.

« La terre de la Roberie qui était possédée par Bertrand du Guesclin, seigneur du Vauruzé, oncle du connétable, est encore présentement dans la branche du conseiller dont nous parlons, et elle y a toujours été depuis qu'elle y est entrée par le mariage de Thomase Le Blanc avec ce seigneur du Vauruzé [1]. »

Vous parlez d'or, Ménage, et comme nous nous sentons heureux de vous compter parmi les garants de nos affirmations !

« Catherine du Guesclin, femme de Charles Rohan de Guémené à qui elle était tombée en partage, l'ayant échangée aussitôt avec ses oncles pour la terre des Bouillères. Du Paz qui dit que Catherine du Guesclin la donna en partage à ses oncles, n'a pu être informé de cette particularité. *J'ai vu l'acte de l'échange qui est du mois de..... »*

---

1 Sur Le Vauruzé, consulter les lettres et mandements de Jean V, duc de Bretagne, N° 1410. A Nantes, 1420, 13 juillet, le duc dicte ainsi :

Jehan ..... à nos sénéchal et alloué de Rennes ..... salut. Notre très cher et très bien aimé cousin et féal Charles de Rohan, seigneur de Kaermenequegam nous a exposé ..... que le lieu et terre du Vauruzé ..... ès paroisses de Broons et de Tremur, était autrefois *à Olivier du Guesclin aïeul* de sa femme; que néanmoins, malgré les droits de celle-ci, la possession de Vauruffé était depuis longtemps contestée entre lui et la comtesse de Penthièvre, le duc, vu la confiscation des biens de la comtesse et les droits de Charles, donne à plein à ce dernier, sa dite terre de Vauruffé. Par le duc de son commandement et en son conseil où estaient : les évêques de Dol et de Saint-Brieuc, le vicomte de Rohan, le sire de Châteaubriant, le sire de Matignon, le Mareschal, le vice-chancelier, messire Olivier de Mauny, messire Alain de Penhouet, les sénéchaux de Rennes et de Nantes. — CADOR.

Les descendants de Cador, secrétaire du duc en 1420, prirent le nom de Perouse et s'allièrent plus tard aux du Guesclin.

Pardon, Ménage, si vous avez lu, vous avez mal lu. Cette fois c'est vous qui avez tort et du Paz qui a raison. Entre Catherine et les frères juveigneurs de son père il n'y eut jamais échange mais partage et partage copié à la Roberie par les bénédictins de la congrégation de Saint-Maur et imprimé aux colonnes 787, 788, 789 du tome II des *Preuves de l'histoire de Bretagne*. Mais, il n'est si bon cheval qui ne bronche et gardons-nous de vous faire grise mine pour une pareille vétille.

« Notre René du Guesclin était fils de Gabriel du Guesclin, conseiller au Parlement de Bretagne, et de Renée Nepveu ; et il avait épousé Anne Cousinot, fille de Jacques, premier médecin de Louis XIII et de Louis XIV, et d'Anne Bouvart, sœur d'un conseiller au Parlement, abbé de Saint-Florent de Saumur.

« René du Guesclin a laissé plusieurs enfants, et entre autres René du Guesclin, lieutenant de cavalerie au régiment d'Enghien, qui est un cavalier de beaucoup de courage, de beaucoup de valeur, de beaucoup d'esprit et de beaucoup de savoir. »

Pour breveter les gens qui sont de ses amis, avouez que Ménage n'a pas son pareil.

« Ce conseiller au Grand-conseil mourut à Sablé le 26 octobre 1677. Il est enterré dans l'église de Saint-Martin.

« J'ai vu de lui, entre les mains de son fils, l'histoire généalogique de la maison de du Guesclin, avec les alliances de cette maison, et avec les armes de toutes ses alliances peintes de sa main admirablement. Ce livre, qui est un gros volume in-folio, est tout écrit de sa main très élégamment. »

Hélas, moins heureux que Ménage nous n'avons jamais vu ce superbe in-folio, resté manuscrit et à jamais perdu pour les curieux. Rendons justice quand même à ces deux nobles cœurs, à ces laborieux du Guesclin, désireux de rendre hommage à ceux qui leur avaient appris de quel pas il faut marcher aux chemins de l'honneur et parfois de la gloire.

Ménage nous a longuement entretenu du conseiller au Grand-conseil et fort brièvement de son fils René, seigneur de l'Escoublère. A qui recourir pour suppléer? — A ce fils lui-même et à l'abbé Angot.

Né en 1647, René commença ses humanités à l'âge de huit ans, chez Monsieur Audouin au Bailleul. Notez en passant que Le Bailleul est une paroisse située entre la Sarthe et le Loir et que, fort probablement, ce Monsieur Audouin en était curé. A son école, René du Guesclin fit si bel et si bien qu'on le trouva de force à entrer de fort bonne heure au collège de La Flèche en troisième. A seize ans, son cours achevé, on l'envoya à Paris où sa grand'mère Cousinot crut devoir le confier, fort inutilement, à M. Barbay, fameux professeur de physique au collège de Beauvais. « Car, comme en même temps je faisais des armes chez Le Perche, rue des Mathurins, où j'apprenais également à danser sous Dupron et Saint-André, je ne voulus plus étudier. »

En conséquence de cette belle résolution, René entra aux mousquetaires, au cours de sa seizième année. A vingt ans, on en faisait un lieutenant au régiment du Roi-infanterie. Six ans après cette promotion, il servit en Alsace et en Franche-Comté, comme lieutenant de cavalerie, au régiment de Sessac.

A Ensheim, il reçut une blessure, perdit son équipage à la bataille de Trèves, guerroya en Flandres et en Allemagne durant deux ans encore. 1677 fut sa dernière année de service. Rentré à Sablé, il y recueillit la succession de son père et le 1er juillet 1682 son contrat de mariage était signé avec Marie Sourdille qui eut, en avancement d'hoirie, les terres et fiefs de l'Escoublère, situés en la paroisse de Daon. Marchant sur les traces de son père le conseiller au Grand-conseil, René se plongea dans les archives familiales et nous l'avoue en ces termes.

« La vie du connétable a été écrite tant de fois qu'il serait inutile que je la rappelasse ; mais comme j'ai dessein de faire l'histoire de ma maison en entier, dont il fait l'honneur et la plus signalée partie, j'en récapitulerai les principales actions et en apporterai pour preuves les titres qu'on a trouvés à la chambre des Comptes et ailleurs. [1] »

Dans ce beau dessein, aidé du Père Denis Briand, René explora à Nantes les archives de la cour des Comptes, à la Roberie et au Verger [2] celles de ses ancêtres. Il réunit ainsi les copies d'un grand nombre de documents qui n'existent plus en originaux. En guise d'intermède à ces absorbants travaux, l'an 1689, lors de la convocation de l'arrière-ban d'Anjou, René du Guesclin commanda l'escadron des soixante-dix gentilhommes de la province.

Rentré en son Escoublère, sans tenir compte du bruit que faisaient autour de lui les allées et venues

---

1 *Dictionnaire historique de la Mayenne,* par l'abbé Angot, tome II, article du Guesclin.

2 Chez les Rohan, descendants de Catherine du Guesclin.

de ses serviteurs et de ses nombreux enfants, il se remit à l'œuvre familiale. C'était du reste un lieu plaisant et curieux son Escoublère, au point de mettre en mouvement et les crayons d'artistes distingués [1], et la plume du bon écrivain André Joubert.

Figurez-vous une demeure renaissance, flanquée de tours, entourée de douves intarissables, précédée d'un châtelet sous la voûte duquel un pont-levis donnait accès. Placez, dans la cour, un puits, véritable œuvre d'art par l'arrangement de sa margelle, l'élégance des colonnes qui supportent son toit et la frise sur laquelle court cette chrétienne inscription, bien faite pour soutenir tous les courages et aviver tous les espoirs :

In te Domine speravi,
Non confundar in æternum.
In Justitia tua libera me.

Dans cette cour où s'ébattent dix du Guesclin, garçons et filles, discernez : Madeleine-Charlotte; René-Olivier, dont voici les destinées :

Mariée à Jacques-François de Baglion, Madeleine recueillit dans la succession de son père et les précieux manuscrits consacrés à raconter la gloire des du Guesclin [2], et la terre de Beaucé [3] qui passa à l'une de ses descendantes, devenue dame d'Héliand.

René-Olivier, mousquetaire du Roi, fut le père du

1 Le baron de Wismes, le vitréen Tancrède Abraham.

2 La généalogie de la famille du Guesclin, donnée par le célèbre religieux augustin *Anselme,* aurait été faite sur le travail d'un des deux René du Guesclin.

3 Nunc au comte Pierre du Pontavice, fils du comte Hilaire et de demoiselle Marie d'Héliand.

brigadier d'infanterie Bertrand-Michel-Henri, marquis du Guesclin, le dernier de cette branche issue
du vieux tronc de la Roberie, si vigoureux à l'heure
où nous l'avons en apparence délaissé pour suivre le
développement d'un de ses plus beaux rameaux.
Hâtons-nous de revenir à son ombre, tandis qu'elle
s'étend encore sur la terre bretonne.

VI

L'ÉGLISE DE MOUTIERS ET LES DU GUESCLIN

Cedant arma togae ! « Au commencement du dix-septième siècle, le Parlement de Bretagne était plein de noms illustres, soit dans le passé, soit dans l'avenir. Un Descartes y rencontrait un d'Argentré, un Sévigné, un Montalembert, un du Guesclin. » Loin de contredire, à cet égard, l'historien de la famille Descartes [1], nous vous présentons le conseiller au Parlement Bertrand du Guesclin, fils aîné du chevalier de l'ordre César et sa femme Judith du Châtaignier, cueillie dans la paroisse fougeraise du Loroux, au grand manoir de la Motte-Anger. A cette belle Judith, donnez pour père et mère Pierre du Châtaignier et Hélène du Matz du Brossay ; pour tante Marguerite du Matz, épousée dans la chapelle de la Motte-Anger par Gilles de Romilley.

Connaissez-vous dans la forêt de Fougères une fraîche solitude dite de Saint-François ? Nos ducs et nos rois Henri IV, Louis XIII et Louis XIV y avaient installé et favorisé des religieux Cordeliers. Parmi les autres bienfaiteurs de ce couvent, inscrivez les du Châtaignier. Dans l'église conventuelle, la chapelle de la Sainte-Vierge, construite de leurs deniers, avait été ornée par eux de tableaux et de peintures. C'est

---

1 Sigismond Ropartz.

là que par tradition familiale Bertrand du Guesclin et sa femme voulurent, le 15 juillet 1659, fonder un obit et offrir à leur tour, aux Franciscains, leur pré de la Serfilière [1].

Le mois suivant, Judith du Châtaignier reposait en l'église de Moutiers et sur le livre des décès on inscrivait cette mention :

« Très noble et vertueuse dame Judith, dame du Guesclin de la Roberie, inhumée le 12 août 1659. »

Si l'oraison funèbre vous parait brève, du moins ne la croyez pas banale, car de tels éloges sont loin d'être prodigués sur le registre paroissial [2].

Cette très vertueuse mourut sans avoir donné aux du Guesclin un héritier de nom et d'armes; mais trois de ses filles : Judith, Julienne et Charlotte honorèrent toutes les trois leur grand nom en se faisant humbles servantes des malades et des pauvres à l'hôpital rennais de Saint-Yves. L'une d'elles, dite en religion Mère Saint-Placide, fut envoyée au pays

1 Voir *Pouillé du diocèse de Rennes*, par l'abbé GUILLOTIN DE CORSON et les *Notes sur l'histoire de Fougères*, par le vicomte LE BOUTEILLER.

2 Judith et son mari avaient donné à l'église de Peuton un ornement de velours noir : chappe, chasuble, dalmatiques, à leurs armes, savoir : pour du Guesclin, d'argent à l'aigle éployée de sable, membrée et becquée de gueules; pour du Châtaignier : d'or au léopard de sinople.

Originaire du Poitou, la famille de Judith, dame de la Roberie, avait produit Thébaut du Châtaignier qui contribua au denier de la croisade en 1248; Hélie, chevalier, compagnon d'armes d'Olivier de Clisson; un commandeur de Saint-Jean de Jérusalem en 1486; cinq abbés de Beauport de 1581 à 1678; un ambassadeur à Rome, chevalier du Saint-Esprit en 1583. L'an 1573, Jeanne du Châtaignier de la Roche-Pozay épousa Gaspard de Shomberg, d'où : Henri de Shomberg, maréchal de France, marié à Françoise d'Epinay.

de sa mère et de sa bisaïeule Julienne du Châtelier, dame des Flegés, pour y gouverner un hospice récemment fondé. Rentrée à Rennes, elle fut élue, réélue supérieure de Saint-Yves et mourut en charge le 12 septembre 1695 [1].

Sœurs des précédentes, Hélène et Jacqueline du Guesclin épousèrent en la chapelle de la Roberie, la première son parent Charles du Matz, marquis du Brossay [2]; la seconde, messire Jean-Baptiste de Perouse, fils aîné de Bertrand de Perouse et d'Anne de Bodean [3].

Avant de passer outre, ne serait-ce pas le moment de décrire cette Roberie dont nous avons tant parlé,

1 Consulter *l'Hôpital Saint-Yves de Rennes et les religieuses Augustines de la Miséricorde de Jésus,* par le comte DE BELLEVUE et les *Notes sur l'histoire de Fougères* du vicomte LE BOUTEILLER.

2 Les registres de Saint-Germain-du-Pinel mentionnent ainsi le premier de ces mariages : messire Charles, chevalier, marquis du Brossay, fils aîné de feu messire René, marié le 25 août 1662 à demoiselle Hélène du Guesclin, sa parente du 2 au 3; Hélène portait le prénom de sa grand'mère du Châtaignier, née du Matz du Brossay.

3 Les registres paroissiaux de La Guerche donnent cette série de Perrouze.

Ecuyer Jean, seigneur du dit lieu, *chevalier de l'ordre du Roi* en 1573, époux de Jeanne Théel et de Jeanne de Bonnard, dont, 1er lit :

René, 28 septembre 1561.

Jacques, 9 octobre 1564, nommé par noble écuyer *Jacques de Champagné,* seigneur de la Montagne et Jeanne de Perrouze, dame de la Jarossaye.

César, 22 janvier 1571, par noble écuyer *César de la Vieuville,* seigneur de Pouez.

Françoise, 19 juillet 1572 (2e lit).

Jean, 18 octobre 1573, nommé par *Jean de Broons,* seigneur de Fourneaux et Jeanne Leclerc, dame de Princé.

Alexandre, 15 juin 1575.

de l'animer par le concours des honnêtes gens de toutes conditions qui s'y rencontrèrent autour des du Guesclin ? — Oui certes ! par malheur de cette grande demeure, sauf un grand bâtiment à deux étages appelé *grenier d'abondance* [1], rien ne subsiste et nul document ne nous permet de suppléer. Tout ce que nous pouvons affirmer c'est qu'en 1589, la Roberie paraissait assez forte pour être attaquée, assez richement meublée pour être pillée et saccagée ; que dans son enceinte existait une chapelle dédiée à saint Georges où furent célébrés de beaux mariages et qui servit d'enfeu à certains personnages de marque : écuyer Antoine de Lavondeau, mort le 29 août 1658 ; messire René du Châtaignier, seigneur du Plessix-Bertin et de la Motte-Anger, décédé le 12 janvier 1762 et inhumé en la chapelle de la Roberie. Il nous plait d'ajouter que les paroissiens de Saint-Germain et de Moutiers s'honorent de donner à leurs enfants le prénom de du Guesclin. Chez les Angier, Jamois, Tanchot, Lucas, Thebaud, Bénard, vous trouverez des Bertrand, des Bertranne. Les du Guesclin, de leur côté, acceptent le plus gracieusement du monde de tenir sur les fonts du baptême Mathurin-Bertrand Béasse, Bertrand Cheminais, Henry Picquet, Bertranne Ricordeau [2].

---

1 Notes sur La Guerche-de-Bretagne, par Ernest AUBRY, page 16.

2 Bertranne Ricordeau, fille de noble homme Marc, sieur de la Chesnardière, et d'Olive de la Barre, est nommée le 14 juillet 1597 par Bertrand de Valleaux, seigneur du Bois-Robin et par *Orfraise du Guesclin. (Registres de Saint-Germain).*

Mathurin-Bertrand Béasse, fils de René, est nommé le 12 août 1680 par messire Bertrand du Guesclin et par *Mathurine Geffrard,* dame de la Motte. *(Registres de Moutiers).*

Bertrand Cheminais, fils de Jean et de Guyonne Bouttier, est nommé le 25 novembre 1590 par Bertrand du Queasquin et par Renée de Valleaux.

Le 5 janvier 1655, il s'agit de remplacer à Moutiers la grosse cloche qui pesait 778 livres. Le saintier Claude Garnier, de Vitré, fait marché pour 40 livres et vous ne savez pas où il opère ? — en pleine église. « Le fourneau était au milieu de la grande porte, entre la balustrade des fonts et la muraille, entre les deux vitres de dessus. » Jugez des effets de cette merveilleuse inspiration, aussi le chroniqueur d'ajouter : *Cela a fait grand préjudice et on ne doit jamais user de même.*

En dépit de ce préjudice, les paroissiens furent contents et leur nouveau bourdon, qui pesait 850 livres, fut nommé par Messire Bertrand du Guesclin, seigneur de la Roberie, conseiller au Parlement et par Mademoiselle de la Motte.

A l'époque de cette nomination, Judith de Châtaignier, dame de la Roberie, vivait encore. Après l'avoir perdue, Bertrand se remaria à Renée Pepin qui lui donna au moins un fils et une fille dont il ne put ménager les alliances, la mort l'ayant surpris près Rochefort. Son corps, tout d'abord déposé en l'église des Cordeliers du Bodelio, fut par ordre de sa veuve

---

Le 5 décembre 1558, Nicolas de Fontenailles est nommé par Nicolas de Denée, seigneur de la Motte de Gennes et par J. des Vaux, dame de la Roberie.

François de Fontenailles est tenu sur les fonds du baptême le 13 février 1612 par *François du Guesclin, sieur du Gast* (frère de César).

Henry Picquet est nommé le 12 août 1629 par Henry de Volvire, baron de la Chattière et par Jacqueline *Le Garanger, dame de la Roberie.*

Antoine Ricordeau, nommé le 24 avril 1574 par Antoine du Guesclin.

Bertrand Désert, nommé le 18 octobre 1654 par Bertrand du Guesclin, seigneur de la Roberie et Marthe de Neufbourg, dame de Villeroy *(Registres de La Guerche).*

exhumé, ramené et inhumé à Moutiers. A qui le trouverait étrange, nous rappellerons que les pierres tombales des du Guesclin pavaient cette église. Là reposaient en attendant l'heure de la résurrection, les dépouilles mortelles de Guillaume du Guesclin et de Françoise de Denée, de Julienne du Châtellier dame de la Roberie, du chevalier de l'ordre César du Guesclin, de son frère aîné Bertrand, de très noble et vertueuse dame Judith du Châtaignier.

Toujours chère aux du Guesclin, témoin de leurs joies et de leurs deuils, l'église de Moutiers dut aussi s'enrichir de leurs généreuses offrandes. Cherchons s'il en est resté quelques unes dignes de notre admiration.

Deux tableaux ornent actuellement à Moutiers l'autel du Rosaire, le grand-autel. Celui du Rosaire est daté de 1620. L'autre, *d'une touche vigoureuse et assurée, d'une certaine richesse de tons* [1], représente l'Adoration des Mages et serait, au dire des connaisseurs, un original. A la suite des rois et de leur escorte, quel peut être cet ecclésiastique en surplis? Il porte la barbe taillée comme il était de mode au temps de Louis XIII. A tort ou à raison, nous le nommons Antoine du Guesclin, prieur de Saint-Germain-du-Pinel de 1597 à 1627, attaché, comme tous les siens, au sanctuaire de Moutiers [2] et désireux d'y perpétuer sa mémoire.

Cette manière de voir, rejetez-là si bon vous semble, mais de grâce, revenez avec nous vers les enfants de

---

1 Le chanoine Brune, cité par l'auteur du *Pouillé du diocèse de Rennes*.

2 Débarrassée du blanc de chaux qui la déshonorait, l'église de Moutiers a repris, sous le rectorat de Monsieur l'abbé Riant, l'aspect qu'elle avait au temps des du Guesclin.

Bertrand du Guesclin et de Renée Pepin, sa seconde femme. La fille, nommée Marquise, fut donnée en mariage à Jean-René de Saint-Gilles [1] dont le nom figure sur les registres paroissiaux de Moutiers et de Saint-Germain [2]. Le fils Bertrand amena à la Roberie Renée Gouret, dame de Granhac et du Bignon.

Prenez les registres des réformations de Bretagne pour l'année 1553, paroisse de Peillac, vous y lirez :

« Jean de Rohan et Ysabeau de la Châpelle, sa compagne, s[r] et d[e] de la seigneurie de Granhac et de la Motte, tiennent et possèdent, en la dite paroisse, le dit lieu de Granhac avec la métairie en laquelle demeure à présent Guillaume Le Bel et est noble [2]. »

Vous dire comment ce beau fief de Granhac passa des Rohan aux Gouret, est tout-à-fait au-dessus de nos moyens. Contentez-vous de croire, sur la foi de nos registres paroissiaux, que Bertrand-Charles du Guesclin et Renée Gouret ne délaissèrent pas la Roberie, où l'un de leurs fils, Charles-Malo, mourut le 11 avril 1705.

Cinq ans écoulés depuis ce deuil cruel, Bertrand-Charles du Guesclin, le 17 août 1710, rejoignait son fils dans la belle compagnie du ciel, laissant en bas-âge Bertrand-César [3] héritier de sa Roberie ; Bertrand-

1 Jeanne-Sainte, marquise du Guesclin, dame de Saint-Gilles, fut la mère de Marie-Anne de Saint-Gilles, mariée à François du Breil, vicomte de Pontbriand ; du marquis Jean de Saint-Gilles ; de Jeanne-Céleste de Saint-Gilles, mariée à Guy-Amador de Montbourcher, lieutenant-colonel de dragons.

2 *Réformations de Bretagne,* évêché de Vannes, par le comte DE LAIGUE.

3 Tenu probablement sur les fonts du baptême par son grand-père maternel : César Gouret, seigneur de Granhac.

Jean-Baptiste-René, qui devait être abbé de Theuley en 1733, évêque de Cahors [1] en 1741.

[1] Antique capitale du Quercy, pourvue d'une belle cathédrale romane, citée pour ses curieux ponts du xiiie siècle, ses maisons des xive et xve, Cahors eut naguère pour gouverneur Thomas Becket, alors favori d'Henri II, comte de Toulouse, roi d'Angleterre, et depuis assassiné sur l'ordre de son royal maître. On sait que nos barons de Vitré conservaient précieusement dans leur trésor, la coupe d'or à l'usage du saint martyr. On sait encore que Philippe de Vitré et son mari Guy VII de Laval s'acheminaient en 1253 vers le diocèse de Cahors, pour y vénérer Notre-Dame de Rocamadour.

VII

Le dix-huitième siècle, loin d'avoir ébranlé la fortune des du Guesclin, l'avait vu resplendir [1]. L'un d'entre eux avait été admis aux honneurs de la Cour ; un autre avait ceint la mître ; un troisième, brigadier d'infanterie, s'était signalé par sa bravoure. Les descendants de cet Olivier du Guesclin, tant aimé de son cousin le connétable, jetaient ainsi un bel et dernier éclat sur son grand nom qui allait s'éteindre. Fille unique de Bertrand César, mestre de camp de cavalerie, gentilhomme ordinaire du duc d'Orléans, et de Marguerite Bosc [1], Françoise-Marie du Guesclin unit en 1758 [2] sa destinée au pair de France duc de Gesvres, qui fut aussi le dernier représentant de l'illustre race des Potier.

Potier ! un nom terriblement vulgaire, pensez-vous. — Hélas oui, comme beaucoup d'autres qui rappellent l'humble profession de braves gens dont les fils bien doués et protégés (dites pistonnés si vous préférez l'argot moderne) arrivèrent, d'étapes en étapes, aux premiers rangs de la société. S'il vous fallait dédaigner de prime-saut les descendants de ceux qui furent favres, mintiers, charpentiers, laboureurs, charrons,

---

1 Fille de Jean Bosc, procureur général de la cour des Aides.

2 A Paris, en l'église Saint-Eustache.

pelletiers, barbiers, pastours, tonneliers, parchemi-
niers, vous auriez fort à faire, et c'est sur vous que
tomberait le ridicule.[1] Ecoutez-donc, sans nervosité, ce
que l'histoire dit des derniers alliés de nos du Guesclin.

Le premier en notoriété, Pierre Potier, bourgeois
de Paris, fonda l'an 1397 le charnier des Innocents.
Son petit-fils, Nicolas, fut échevin de la capitale
l'an 1466 et général des Monnaies en 1475. A partir de
cette date, sur les Potier, les grandes dignités tombent
à plaisir, sans les écraser le moins du monde, tant
leurs épaules semblent faites pour les porter digne-
ment. Chez eux se succèdent, conseillers et présidents
au Parlement de Paris, présidents à mortier au
Parlement de Bretagne, évêques, archevêques, cardi-
naux. L'un d'eux est gouverneur de Châlons et
capitaine des gardes-du-corps de Sa Majesté; celui-ci
s'intitule maréchal de camp; cet autre lieutenant
général des armées du Roi. En Bretagne ces Potier
sont vicomtes de Pledran; en Champagne ducs de
Tresmes; au Maine ducs de Gesvres. En un mot, à la
Cour et ailleurs tout leur clan s'avance en grand
triomphe, au point d'exciter la verve satyrique de

---

1 FAVRE (serrurier), sénateurs et baron de Vaugelas en Savoie.

BARBIER (en Bretagne), prouvèrent neuf générations de noblesse
l'an 1668.

CHARPENTIER, cinq générations de noblesse en 1668. Seigneur de
Keronic en Bretagne.

CHARRON. Un chevalier de l'ordre en 1601.

LE GONIDEC (laboureur), huit générations de noblesse en 1668.

MINTIER (en Bretagne), dix générations à la réformation de 1668.

PELETIER, originaire du Maine, comte de Saint-Fargeau.

TONNELIER, de Breteuil (Picardie, Beauvoisis), un évêque de
Rennes, 1723; un ministre de la guerre, 1723.

PASTOUR (pâtre), en Bretagne, huit générations se gouvernant
noblement, c'est-à-dire usant du partage noble.

l'incorrigible Saint-Simon qui se permet de nous peindre ainsi une duchesse de Gesvres : *Espèce de fée grande et maigre, elle marchait comme les grands oiseaux qu'on appelle les demoiselles de Numidie.*

Laissons le petit Duc à ses méchancetés et écoutons plutôt les Potier nous dévoiler le secret de leur belle fortune, le talisman qui leur permit de marcher, d'un pas assuré, dans la carrière des honneurs. Ils portaient d'azur, à trois mains dextres d'or au franc quartier échiqueté d'argent et d'azur, avec cette devise révélatrice :

Dextera fecit virtutem.
Dextera salvabit me.

Ainsi renseignés, concluons que, tout Potier qu'il fut, Louis-Joachim Paris Potier de Gesvres, neveu de Louise-Julie Potier, dame de Broglie, comtesse de Revel, fils de Louis Potier de Gesvres, duc de Tresme, pair de France, et d'Eléonore-Marie de Montmorency-Luxembourg-Tingry [1], pouvait demander la main de l'héritière des du Guesclin avec toute chance d'être agréé. Songez d'ailleurs, qu'au dix-huitième siècle un duc de Gesvres « est l'exemplaire en haut relief des gens de sa classe, un abrégé de tout le beau monde, un oracle très consulté sur les questions de parenté et de généalogie. Entouré de gentilshommes, de pages

---

[1] *2.500 actes de l'état civil ou notariés concernant les familles de l'ancienne France,* par le marquis DES GRANGES DE SURGÈRES, page 371.

Le 7 octobre 1735, Éléonore-Marie de Montmorency, représentée par Angélique-Marie de Ruellan, avait nommé avec Charles-François de Montmorency-Luxembourg, représenté par Armand de Bourigon du Pé, marquis d'Orvault, Christian-Marie-Ange Saget de la Jonchère, fils de René-Georges et de Mauricette de Ruellan.

et de nombreux domestiques, il fait une dépense prodigieuse. Tous les jours il donne des audiences; il n'y a personne, à la Cour qui ne lui rende des devoirs; les ministres, les princes du sang eux-mêmes, lui en rendent; son hôtel à Paris, son appartement à Versailles ne désemplissent pas du matin au soir [1]. »

Héritiers de ce grand train de maison, le duc et la duchesse de Gesvres ne paraissent pas avoir fait de longs séjours à la Roberie; cependant les registres de Saint-Germain-du-Pinel les mentionnent en 1759, un an après leur mariage, et sur les registres de La Guerche, vous pouvez lire, à la date du 14 août 1763 :

Louise, fille de Jean-François Regnier, seigneur de Saint-Aignan, avocat à la Cour, sénéchal du Temple, de la Roberie et de Drouges, fut tenue sur les fonts du baptême par [2] Sophie de la Bourdonnaye femme de Bertrand du Guesclin et par Louis-Joachim Potier de Gesvres, marquis de Gesvres, vicomte de Pledran, seigneur du Tertre Jouan [3], la Roberie, le Bignon, le Plessis [4], gouverneur de l'Isle-de-France.

---

1 TAINE : *Les origines de la France contemporaine.* L'ancien régime, page 148.

2 De la branche des La Bourdonnay, marquis de Liré en Anjou.

3 Naguère aux Budes.

4 En 1730, les du Guesclin possédaient en Moutiers la juridiction du Bois-Thomas, haute-justice;
La juridiction de Gazon en Brielles;
La juridiction de Montmartin, haute-justice;
La juridiction de la Motte de Moutiers, haute-justice, suivant aveu de 1666.
La juridiction de la Roberie, haute-justice. (Voir dans nos *Tableaux généalogiques,* tome II, page 118, la liste alphabétique des inférieures juridictions dont les appellations vont à la baronnie de Vitré, ou qui en relèvent, dressée par M. Guillaume Baron et annotées par P. Frain de la Motte).

Pourvu de ce beau gouvernement, le duc de Gesvres ne pouvait perdre longtemps de vue la Cour et cette ville de Paris dont il portait le nom et d'où les Potier étaient originaires. Personne assurément n'eut osé supposer en 1763 que cette haute dignité, et d'autres par surcroît, désigneraient un jour leur titulaire aux vindictes des fauteurs de la Révolution et le conduiraient à l'échafaud où sa tête tomba l'an 1794.

Aux maire et officiers municipaux de la commune de Gesvres, l'événement fut annoncé en ces termes :

Potier de Gesvres était un scélérat; il a conspiré contre la République, il vient de payer de sa tête tous ses forfaits. — Qui donc délivrait avec tant de désinvolture, pareil certificat de scélératesse ? — Jean-Baptiste-Thomas-François Julliot Lerardière, en son vivant notaire à Saint-Ursin-en-Lignières-la-Doucelle. Bombardé président du directoire du département de la Mayenne par Thirion et Esnue La Vallée qui s'y connaissaient en hommes peu sanguinaires, Julliot inaugura le régime de la Terreur à Laval et, probablement pour ses excès de vertus, se vit emprisonné sur l'ordre du conventionnel Boursault, le 17 novembre 1794.

Plus heureuse que son mari, la duchesse de Gesvres, Françoise-Marie du Guesclin, échappa à la tourmente révolutionnaire, atteignit l'année 1828 et mourut à Paris, léguant sa fortune au duc de Croï-d'Havré, pair de France, lieutenant général, capitaine des gardes-du-corps du Roi, grand d'Espagne, chevalier de la Toison d'or, grand'croix de l'ordre royal et militaire de Saint-Louis [1].

---

[1] Joseph-Maximilien de Croï, duc d'Havré, représentant de Louis XVIII en Espagne durant l'émigration; une sœur de son père avait épousé le marquis d'Arizza y Guadalcte.

Dans son *Histoire des Émigrés*, M. Forneron raconte qu'aux jours de frénésie, le cœur d'Henri IV fut volé à La Flèche par le député Thirion, l'un des protecteurs du terroriste Lerardière, que les débris de Turenne et de du Guesclin furent jetés dans la rue à Saint-Denis où le peuple se partageait les dents du connétable. En Vitréais, croyons-nous, il y avait mieux à faire. Qu'on nous pardonne donc une fois de plus si, sans crainte d'être blâmé, mais au risque de rester fort au-dessous de la tâche, nous nous sommes appliqués à mettre en relief les dignes neveux de ce Bertrand, l'honneur de son pays, la terreur des ennemis de la France, le sincère ami du peuple qu'il recommandait à ses lieutenants sur son lit de mort, le compagnon d'armes des gas bretons qu'il avait menés, tant de fois, à la victoire au cri de : *Notre-Dame-Guesclin !*

Vitré, 8 Juin 1916.

FRAIN.

INDEX

DES NOMS DE FAMILLES ET DE LIEUX

N

O

P

Q

R

— Journal de Guillaume Langelier, sieur de la Martinais, écrit à Fougères de 1643 à 1650. *In-12, 57 pages.*

- Deux discours de Jean-Arthur de la Gibonnais, 1678. *In-4° carré, 21 pages.*

— Mémoire généalogique où il est fait mention de plusieurs familles établies à Vitré et paroisses environnantes aux xv°, xvi°, xvii° et xviii° siècles. *Petit In-4° carré, 272 pages.*

— Le Tiers-Etat au petit Maine, avec listes et documents inédits. *In-12, 110 pages.*

— Correspondance administrative. 23 lettres adressées par l'intendant général de la maison de la Trémoïlle à l'advocat fiscal de la baronnie de Vitré (J. Frain de la Motte), 1696-1708. *Petit in-4° carré, 89 pages.*

— Appendice aux lettres précédentes. *Petit in-4° carré, 56 pages.*

— Les du Vauborel normands et bretons. (Extrait de la *Revue historique de l'Ouest*). *Grand in-8°, 121 pages.*

— Les Vitréens et le commerce international. (Extrait de la *Revue historique de l'Ouest*). *Grand in-8°, 101 pages.*

— Un rural de la baronnie de Vitré, son journal domestique de 1634 à 1671. (Extrait de la *Revue historique de l'Ouest*). *Grand in-8°, 29 pages.*

— Commerce des Vitréens en Espagne, 1626-1630. *In-12, 19 pages.*

— Tableaux généalogiques, notices et documents inédits au soutien du mémoire où il est fait mention de plusieurs familles établies à Vitré et paroisses environnantes, aux xv°, xvi°, xvii° et xviii° siècles. *Neuf fascicules in-4°, 732 pages, formant trois tomes, y compris une table alphabétique de personnes et de lieux.* Vitré, imp. Lécuyer.

— Registre d'écuyer Nicolas Bouleuc, greffier de l'Amirauté de Bretagne, au siège de Saint-Malo. (Extrait de la *Revue historique de l'Ouest*). *Grand in-8°, 168 pages.*

— Vitréenne et Malouine, Mme Bouleuc de la Villeblanche et Mme Seré de Lorvinière. Leur correspondance familiale et commerciale, 1690-1733, *In-8°, 100 pages.*

— A la mémoire du Vitréen membre de l'Institut. Vitré, Lécuyer, 1903.

— Comptes de l'hôpital de Fougerolles, 1763-1769 (Recettes). Vitré, imprimerie Ed. Lécuyer, 1904. *In-8°, 104 pages*

- L'abbé Paul Paris-Jallobert, 17 février 1905. Imprimerie Ed. Lécuyer, 1905. *In-16, 15 pages.*

— Livre de raison d'un gentilhomme verrier, vicomte de Fercé, le dernier des Massari, maîtres de la verrerie de Javardan, 1754-1769. (Extrait du *Bulletin de l'Association Bretonne*). Saint-Brieuc, René Prud'homme, 1905. *In-8°, 24 pages.*

— Une paroisse du Vitréais, 1100-1904. Vitré, imprimerie Gilles et Cie, 1905, *96 pages.*

— Cent ans de vie Vitréenne. Vitré, Gilles et Cie, 1907, *252 pages.*

— Entre la Martinique et Vitré, 1697-1824. Voir le *Journal de Vitré*, 1907-1908.

— Epinay en Champeaux, sa splendeur au **xvi**^e siècle, son état de ruine au **xviii**^e, sa restauration dé nos jours. Vitré, Gilles et Cie, 1908, *142 pages.*

— Manoir et sieurs de Landavran, 1000-1909. *Journal de Vitré,* 1909.

— Aux Rochers et autour des Rochers. Vitré, Gilles et Cie, 1909, *186 pages.*

— Des Chouans ! Vitré, Gilles et Cie, 1911, *36 pages.*

— Vieux Faubourgs. — Vieilles Rues. — Vieux Logis. — Vieux Remparts. — Vieilles gens. (Le Couvent du Rosaire, — Cohigné, — Les Faubourgs Saint-Gilles et Saint-Martin, — De la Porte d'En-Haut au Château, — Nos Remparts en 1705, — Epilogue). — Vitré, Gilles et Cie, *215 pages.*

— Vitré, ses origines, ses premiers seigneurs (1000-1250), Vitré, imp. Gilles et Cie, 1912, *168 pages.*

— Le Tiers Etat à Vitré et en Vitréais (1061-1789). Vitré, Edouard Lécuyer, 1912. *In-8°, 112 pages.*

— Nos du Guesclin (1300 à 1828). Vitré, imp. Edouard Lécuyer, 1917, *In-8°, 64 pages.*

— Tredern, en Léon, en Cornouailles, en Haute-Bretagne. Vitré, imp. Edouard Lécuyer, 1917, *In-8°; 47 pages.*

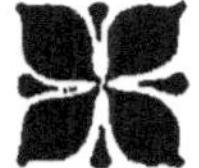

www.ingramcontent.com/pod-product-compliance
Lightning Source LLC
Chambersburg PA
CBHW071345030726
47594CB00002B/761